走った！撮った！世界のマラソン

写真・文 **辰巳郁雄**

東方出版

New York Jun. 2006

海外の参加者が集う前日朝のフレンドシップ・ラン。国連本部前からセントラルパークまでジョギングする。

■ ニューヨークシティマラソン

各国の大都市で開かれる祭りのようなマラソンの先駆けとなった大会で、現在は4万5000人以上が走り、200万人以上が沿道を埋めて熱狂的に応援する。

1970年の第1回は127人のランニング愛好家が、今はゴールとなっているセントラルパークの中の周回道路を4周。6年後にスタッテン島からブルックリン、クイーンズ、マンハッタン、ブロンクスと市内の5区すべてを通る本格的なコースが設けられた。「人種が異なる地域の垣根を乗り越えよう」との掛け声が受け入れられたため、ランナーは各地域で応援の住民らと触れ合える。

同時テロから2カ月後の2001年の大会も中止されず開かれ「市民らが一つになり、打ちのめされずに生きていることを世界にアピールした」と言われた。

（2011年 参加者4万7763人）

左　スタッテン島をスタートして直後、ベラザノ大橋を渡る。
　　防護壁上で壮観な眺めを撮影するランナーは他にもいた。

上　星条旗を広げて、ポーズをつけてくれた男性ランナー。
　　世界最高のマラソンはアメリカ人の誇りにもなっている。

コースの前半、上半身だけ警察官の格好で走る2人。
ロンドン同様、ニューヨークでも仮装のランナーが多い。

06

海外の参加者がジョギングするフレンドシップ・ラン。
お国柄豊かなウエアのランナーも多い前日朝のイベント。

上　ブラジル国旗を掲げた舞台で、演奏で応援するバンド。「民族のるつぼ」とあって、沿道の応援も国際色豊かだ。

下　フレンドシップ・ランで、フランス国旗を手に走る男性。この日は、本番では通らない都心のど真ん中を走れる。

コース半ば、長い橋を渡って着くマンハッタンの一番街。大歓声を浴び、満員のスタジアムに空から降り立つ気分だ。

コースの後半、教会の前で応援してくれる修道女たち。
この日は治安が悪いハーレムでも、犯罪が少ないという。

マンハッタンの病院前に集まり応援する患者やスタッフ。
元気を与えてもらい、走れることの幸せを実感する。

上左　同時テロの救助で活躍し、ヒーローになった消防隊員ら。
　　　彼らからも応援されると、こちらも誇らしい気分になる。

上右　ブルックリンの移民街で、星条旗を振って応援する男性。
　　　下にはサッカーのイタリア代表チームの旗が付いていた。

下左　「お父ちゃん、走って！」と書いたボードを掲げる女の子。
　　　家族を応援しながら、ランナー全員を応援してくれる。

下右　応援グッズの風船を両手で掲げる、地元に住む日本人女性。
　　　派手なポーズの応援ぶりは、すっかりニューヨーカーだ。

12

天使のような瞳でオレンジを差し出してくれる女の子。沿道には、食べ物や飲み物を配ってくれる住民も多い。

Berlin Sep. 2004

パーカッションを演奏しながら応援する男女のグループ。カメラを意識しながらも、軽快なリズムを刻み続けた。

■ベルリンマラソン

「ベルリンの壁」の崩壊から間もない1990年、東西ドイツ統一の3日前に約2万5000人が壁の跡をまたぐコースを走って、一足先に統一を世界にアピール。約4万人が走る現在のコースは、旧東西ドイツの行き来を繰り返して都心を回り、統一のシンボルであるブランデンブルク門をくぐってゴールする。

物静かな人が多いとされるドイツ人だが、応援は熱狂的。数多くの偉大な作曲家を生んだ音楽好きの国柄を表わすようにバンドの生演奏による応援も多く、町中で音楽祭を開いているようだ。

高橋尚子選手が2001年、女性で初めて2時間20分の壁を破って優勝するなど日本の女子選手が活躍している効果もあってか「ガンバッテ！」「コンニチハ！」など日本語による声援も聞こえてくる。
（2012年 参加者3万5652人）

14

派手な仮装で応援する、オランダ人とみられるグループ。移民も多いベルリンでは、外国人による応援も少なくない。

迷彩服とベレー帽の制服姿で、リンゴを配る若者たち。走っている途中でも、フルーツは食べやすくて美味しい。

ブランデンブルク門をくぐりゴールに向かうランナーら。
門はベルリンの壁の崩壊後、市民らが登って歓喜した場所。

海外の参加者による前日朝の「ブレックファスト・ラン」。
各国の国旗を先頭に、ベルリン五輪の記念競技場を目指す。

【前頁】　上　ランナーらに向かって熱唱するブルース・バンドの歌手。
　　　　　　　音楽の都とあって、様々なジャンルのバンドが応援する。

　　　　　下左　コースわきにベッドを並べての、マッサージのサービス。
　　　　　　　献身的な指圧を受け、ランナーらは元気を取り戻していた。

　　　　　下右　ピンクパンサーとみられる、着ぐるみ姿で応援する男性。
　　　　　　　普段はおとなしいドイツ人も、この日ははしゃぐ人が多い。

中心街のクーダムで、大胆な露出で応援するチアガール。
コースの後半だが、たまった疲れも吹き飛ぶ気分になる。

Vancouver May. 2005

バンクーバー発祥の地、ガスタウンで応援する男女。クラシックな衣装は、19世紀の当時をイメージしてか。

■バンクーバーマラソン

冬季オリンピックの開催地となったカナダ西海岸で最大の都市バンクーバーにとって、春の観光シーズンの目玉となっている大会。ハーフ・マラソンなども合わせて1万数千人の参加者のうち女性が4割に上り、華やいだ雰囲気が漂う。ゴールデンウイーク中に開催されるため日本人ランナーも多い。

1980年、がんで片脚を失いながらも、がんの研究資金を募って大陸横断マラソンを試みたテリー・フォックス氏の母国とあって、制限時間を設定しないなど、障害者にやさしい。市街地だけではなく、岬の公園を巡り、後半には住宅街も走る。変化に富んだ景色、陽気な応援──。そのどちらも地元流に言えば「パーフェクト」で文句なしだ。

（2013年　参加者3984人）

20

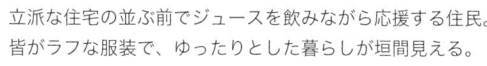

立派な住宅の並ぶ前でジュースを飲みながら応援する住民。
皆がラフな服装で、ゆったりとした暮らしが垣間見える。

「行け、お父ちゃん」と大きな字で書いた紙を持つ男の子。
カメラを向けると、恥ずかしがって顔を隠そうとした。

上　コースの前半、市内を見晴らす高速道路を走るランナー。先にスタートし、追い着かれたウオークの参加者も見える。

下　義足で世界各地のマラソンを走っている日本人ランナー。別のランナーが、追い抜いて行く際に拍手を送っていた。

右　カラフルなＣＤを並べ、派手なシャツを着たＤＪの男性。流してくれる大音量の音楽が体に響き、足どりも軽くなる。

22

左 住宅の塀越しに、国旗を持ち愛犬と一緒に応援する女性。ランナーが飲めるよう、飲料のボトルも用意されていた。

右 コース半ばの住宅街で、くりぬいたスイカを差し出す女性。サングラスをしていたが、外してもらうと笑顔がはじけた。

下 走路の安全を見守る担当らしいボランティアの女性ら。コースの終盤で、ポーズをきめて元気を注いでくれた。

24

40km地点で渡る橋の上で、ランナーを激励する男性ら。
「完走メダル」を下げているのは、ハーフの部の参加者。

London Apr. 2006

妖精のような髪飾りで、めかして応援する3人組の女の子。姉妹なのだろうか、父親を励ますメッセージを掲げていた。

■ロンドンマラソン

3万数千人が走る世界最大規模の大会の1つ。ロンドンらしく小雨が降っても、肩を寄せ合うように走るランナーの熱気で寒さを感じないほど。世界標準時の基準地点、グリニッジ天文台近くをスタートし、ゴールのバッキンガム宮殿前に向かって大河のように流れるランナーは、何キロたってもばらけない。

派手なコスチュームや着ぐるみで仮装したランナーが多く、声援を送る市民らも華やかな服装が目立つ。レースというより、雰囲気はカーニバルだ。

仮装ランナーらの多くは、チャリティー団体のPRをしている。多額の寄付をすることにより、大会と提携する多くの団体に与えられた出場枠を得て走るランナーは数千人以上に上る。マラソンが巨大なチャリティー・イベントとなっているわけだ。
（2013年　参加者3万4631人）

一口サイズに切ったオレンジを、ランナーに差し出す女性。
サッカーボールをあしらう髪飾りが、愛らしく揺れていた。

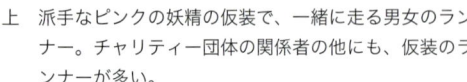

上　派手なピンクの妖精の仮装で、一緒に走る男女のランナー。チャリティー団体の関係者の他にも、仮装のランナーが多い。

下　集合住宅のバルコニーから、声援を送る男女のグループ。足を止めてカメラを向けると、手を振って応えてくれた。

右　コース半ばの広い街路を埋め尽くした大勢のランナーら。大河のようにみえる人の流れは、前にも後ろにも延々と続く。

「水支援」を掲げ、ラクダの着ぐるみを被って歩く２人。
水不足の地域を助けるチャリティー団体のメンバーらしい。

ゴール間近に、バッキンガム宮殿の前を走るランナーら。
海外マラソンのスタート・ゴールは、街一番の名所が多い。

「白血病の子供」と書かれた帽子を被るなどした親子連れ。
支援団体の関係者を応援する、患者の子供と親とみられる。

上左 スコットランドの民族楽器バグパイプを演奏するグループ。降り続く小雨に濡れたコースに、厳かな調べが流れていた。

上右 スポーツ・バーの店先で、歌を歌う合間に声援を送る女性。後方の旗は、グリニッジが拠点のサッカー・クラブのもの。

下 カメラに向かって、ポーズをとってくれたチアガールたち。Tシャツはアルツハイマー病患者の支援団体のものらしい。

Rome Mar. 2008

古代の円形競技場、コロッセオを背に走るランナーら。ゴール直前で、ローマ時代の英雄になったような気分だ。

■ローママラソン

「永遠の都」ローマが誇る古代の遺跡や歴史的な建造物など観光名所の数々を、走りながら巡る。そのコースの魅力もあってか、参加者の4割近くが国外のランナー。参加者は1万人余りと大都市のマラソンとしては少なめだが、同時開催の4キロの部には6万人以上もの親子連れなどが集まる。

沿道の市民らの応援もやや少なく、ラテンの国だからと想像するほどには熱狂的ではないが、だれもが陽気で温かい。

ローマのシンボルである古代の円形競技場コロッセオの前がスタートとゴールで、後半に中心街を抜ける。ナヴォーナ広場、スペイン階段、トレビの泉など、普段は観光客で混雑する名所の数々を、走りながら巡って「ローマの休日」を満喫できる。
（2013年　参加者1万1022人）

両側を建物に挟まれた狭い道路を抜けて走るランナーら。
中心街は石畳が多く、滑りやすく走りづらいが風情がある。

主要な名所の一つ、スペイン階段の前を走るランナーら。
階段に腰を下ろす観光客は、くつろぎながら眺めていた。

ゴールした男性を、キスで祝福するボランティアの女性。
男性は、贈られたばかりの「完走メダル」を下げている。

カメラを片手に走っていたイタリア人らしい男性ランナー。
観光名所を巡るだけにカメラを持つランナーは少なくない。

拍手しながら、それぞれにポーズをつけてくれた女性ら。
沿道の応援はさほど熱狂的ではないが、だれもが陽気だ。

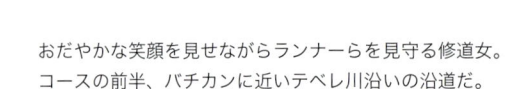

おだやかな笑顔を見せながらランナーらを見守る修道女。
コースの前半、バチカンに近いテベレ川沿いの沿道だ。

左　中心街の名所、ナヴォーナ広場で応援するウエーター。
　　黄色いテープで仕切られたコースは、店のすぐ前を通る。

中　インテリアのブティックの玄関で拍手する店主らしい女性。
　　一緒に盛り上がるより、さりげなく応援する市民が多い。

右　大きなイタリアの国旗を、頭上に掲げて応援する女の子。
　　旗の上には、「行け」「パパ」などの文字が書かれていた。

Paris Apr. 2010

スタート直後、シャンゼリゼ通りを埋めて走るランナー。背後に見えるパリのシンボル・凱旋門の反対側がゴールだ。

■パリマラソン
「花の都」パリの名所を結ぶコースを約4万人が走る世界最大規模の大会の1つ。
スタートとゴールはパリのシンボル・凱旋門の近く。フランス革命ゆかりの地や世界遺産のセーヌ河岸に加えてブローニュの森などの緑地公園も通り、景色は変化に富んでいる。沿道では生バンドやダンスで応援するグループが次々に現れる。コスチュームも華やかでお祭り気分を盛り上げてくれる。洒落た衣装を身に着けて応援する住民らも多く「アレ！アレ！（行け！行け！）」の歓声に包まれる。
前日朝のブレックファスト・ランではエッフェル塔の近くも走り、2日続けてパリ観光を満喫できるという趣向だ。
（2013年　参加者4万140人）

仮装のグループに応援され、セーヌ川沿いを走るランナー。
右奥の元の牢獄にはマリー・アントワネットも入っていた。

イタリアから来て、国旗を掲げながら走っていたグループ。
ペースはゆっくりだが、掛け声やポーズは威勢が良かった。

前半の市街地で、演奏により応援してくれたブラスバンド。
赤と黒の、お洒落なファッションでも楽しませてくれた。

左上　おとぎの国のようなカラフルな帽子をかぶる給水所の女性。
　　　派手でも粋な色づかいは、お洒落の国・フランスならでは。

左下　花屋の前でバケツをスプーンでたたき応援していた女性。
　　　日本人の店主らしかったが、街の風景に溶け込んでいた。

右　　「アレ（行け）」の文字を大書したボードを掲げた男女。
　　　沿道から聞こえる歓声は「アレ！アレ！アレ！」が多い。

上　頭上に渡したクレーンの上で拍手してくれた消防隊員ら。「私たち消防士が、ついています」の文字にも励まされる。

下　セーヌ川の近くでカメラを構えたまま応援していた女性。メガネのデザインも、愛犬に巻いたマフラーも粋だった。

右　並んでハイタッチをねだっていた姉妹らしい女の子2人。パステルカラーのニットの上着や長靴下が似合っていた。

フレンチカンカンの格好で豪快に応援してくれた女性ら。
赤い風車の劇場・ムーランルージュの舞台を見るようだ。

市街地の沿道で、子どもを背負いながら応援していた女性。
親子で掛けたサングラスに、ランナーらの姿が写っている。

Seoul Mar. 2007

大河・漢江(ハンガン)に架かる橋の上で、飴を配って応援する女性ら。背後の幕には「もうちょっと力を出して!」と書いてある。

■ソウル国際マラソン

戦前に始まった「東亜(トンア)マラソン」が母体で、2000年に本格的な市民マラソンになり、現在は2万人以上が走る。アジアの大都市のマラソンとしては東京マラソンの先輩に当たる。朝鮮王朝時代の王宮「景福宮(キョンボックン)」前をスタート。繁華街の明洞(ミョンドン)を通って、大河・漢江(ハンガン)を渡り、1988年のオリンピックで使われた蚕室(チャムシル)のスタジアムを目指す。大統領を務めた李明博(イミョンバク)氏が市長だった2005年に復元工事が完成した市民の憩いの場・清渓川(チョンゲチョン)は両岸を往復。ダイナミックに変化する街の息づかいを感じられる。

制限時間が5時間と短めで、地元ランナーらの走りぶりは真剣そのもの。「ファイティン(グ)!」「ワンジュハセヨー(完走してよ)!」と声援も士気を高める言葉が多い。

(2013年 参加者2万164人)

46

斬新なデザインのビルを背に、真剣な表情で走るランナー。歴史的建造物とともに、これら新しい街のシンボルも巡る。

ソウル中心部を流れる清渓川(チョンゲチョン)の両岸を走るランナーら。
川は暗きょから復元され、市民の憩いの場になった新名所。

ソウルを東西に貫く大河・漢江(ハンガン)の南側の江南(カンナム)地区で、新興住宅街にあるアパート群の前の大通りを走るランナー。

民族衣装を身に着け、太鼓の演奏の合間に応援する女性ら。そばを走り過ぎる際に、手を挙げて応えるランナーもいる。

往復して通る大通りの中央部で応援するチアガールたち。チャーミングな視線とミニスカートに、走る元気が倍増。

中心街の交差点で、打楽器を演奏して応援する女性ら。コーナーの奥にいたが、大回りして撮らせてもらった。

コース後半の沿道で、管楽器やギターで演奏するグループ。
譜面台には、「松波区シルバー楽団」の文字が書いてある。

給食所でバナナを差し出しながらポーズをとる女の子ら。
テーブルには、韓国の大会で定番のチョコパイも見える。

Tokyo
Feb. 2007, Feb. 2008
Mar. 2009, Feb. 2010

そろいの法被と鉢巻き姿でハイタッチをねだる子どもたち。ランナーの方も、元気を分かち合えるような気分になる。

■東京マラソン

2007年に誕生し、同時に世界の大都市で開かれる本格的な市民マラソンに仲間入り。東京都庁前をスタートし、都心から品川、浅草をそれぞれ往復、東京ビッグサイトにゴールするコースを3万数千人が走り、その10倍ものランナーが出場を望んで抽選に応募する。

東京都と日本陸連が主催、テレビ2局、新聞3社が共催してトップダウン式に始めたが、その背景には、歩道を走りながら東京マラソンの開催を呼びかけた「東京夢舞いマラソン」など、市民ランナーらの活動による機運の盛り上がりもあった。

100万人を超える沿道の応援は温かく、約1万人のボランティアも誠意にあふれる。海外からの参加者は少ないが、走ったランナーは「良く組織され、笑顔と優しさが印象的」と声をそろえる。

（2013年 参加者3万6228人）

バナナに扮した仮装で走っていた男女3人組のランナー。
凝った小物も身に着けて、軽い足取りで橋を上っていた。

雨上がりの道路上に手をついてストレッチをする女性ら。
残りわずかの距離を、存分に楽しむための準備のようだ。

スタート直後、車止めの上から振り返って見たランナー。
都庁本庁舎と議事堂を結ぶ廊下の上にはカメラマンの姿も。

東京メトロ
B25771
STARTS
B25145
B26510
B26369
B24509
B24945
台走友会
葛生

銀座の中央通りでファッション広告の前を走るランナーら。
２度通過する東京の中心・銀座は、コースのハイライトだ。

給水所でもらった紙コップを片手に走る外国人ランナー。帽子の上には、東京タワーの小さな飾りが付けられていた。

皇居の前で、ミッキーマウスとミニーの仮装で走る男女。この日の皇居は、車道も走れる、まさにランナー天国だ。

新宿の「大ガード」をくぐって走る、仮装のグループ。東京でも、仮装を楽しむランナーが年ごとに増えている。

40km地点の給水所で紙コップを差し出すボランティア。ここは東京夢舞いマラソンのグループが中心に運営。

スポーツ飲料を配る給水所で、Vサインをする女子学生ら。寒くても元気いっぱいの学生のボランティアには感動する。

上左　歌舞伎町商店街の入り口で、エールを送る大学の応援団。
　　　オフィス街から繁華街に入り、応援が盛り上がる場所だ。

上右　そろいの気ぐるみ姿で、両手を挙げて応援する女の子ら。
　　　海外と同じく東京でも子どもは元気が良く、励まされる。

下　　カラフルな着ぐるみなどの仮装で応援していたグループ。
　　　雨上がりに日が差して、衣装が一段と色鮮かに見えた。

「ゆりかもめ」有明駅前で案内の旗を持つスタッフの男性。
冷たい雨が降る中でも、笑顔を絶やさないでいてくれた。

豊洲のガソリンスタンドで、味噌汁を配ってくれる女性。
雨が降るコース後半で、お腹も心も暖まらせてもらった。

Naha, Okinawa, Kumejima

■NAHA・おきなわ・久米島

沖縄では東京マラソンの前から、祭りのようなマラソンが開かれてきた。

NAHAマラソンは、3万人以上が走る国内で最大規模の大会。那覇市の繁華街・国際通りを抜け、平和祈念公園も通る周回コースは応援が途切れず、かつての激戦地で笑顔を交わしながら走ると、平和な時代に生きる幸せが胸に込み上げる。

おきなわマラソンは、NAHAと並ぶ沖縄の主要大会。10キロの部も合わせた参加者は1万5000人余りと少なめだが、日本陸連が公認する県内で唯一のレース。沖縄市を中心とするコースは坂道が多いが、温かい応援に支えられる。後半には米軍の嘉手納基地内を通り、走りながら2カ国を体験できる。

久米島マラソンは、沖縄の離島で開かれるマラソンの先駆けになった大会。人口約8500人の島で、ハーフの部なども含め1500人余りが走る地元の観光イベント。久米島町役場の職員が総出になるなど島を挙げて大会を支え、地元の人たちとの触れ合いも楽しい。

【NAHAマラソン】
左上　伝統の染め物「紅型(びんがた)」の着物姿で、声援を送る女性たち。
　　　どの色鮮やかな模様も、笑顔も、まばゆく輝いて見えた。
左下　立ち止まり、シャワーの水をかけてもらう男性ランナー。
　　　走るには暑い20度以上の気候では、ありがたいサービス。

【おきなわマラソン】
中上　嘉手納基地の中を走り、再びゲートを出てきたランナーら。
　　　基地関係者のアメリカ人とみられる、体格の良い男性も多い。
中下　道路の真ん中近くでバナナを差し出してくれた女の子２人。
　　　歩道とコースを仕切るロープはなく、一体感がたまらない。

【久米島マラソン】
　右　ピースサインまでして、撮影に応じてくれたオバアたち。
　　　椅子にしているのは、沖縄産のオリオンビールのケース。

Osaka
Nov. 2012

京セラドーム大阪を背景に、橋の上を走る多くのランナー。
ドームの近くに折り返し点があるため、この橋は往復する。

■大阪マラソン

東京マラソンの盛り上がるのを受けて2011年に誕生した国内では2番手の大都市マラソン。12年の第2回大会には、8.8キロのチャレンジランを含め3万人余りが参加した。

大阪城をスタートするコースは、イチョウ並木の御堂筋を抜け、繁華街の道頓堀や京セラドーム大阪、通天閣など大阪の新旧の名所が盛りだくさん。

沿道の応援も多く、大阪弁による人情味あふれる励ましの言葉に元気づけられる。後半には、地元の商店会が集まり、いろんな種類の食べ物を振る舞ってくれる大規模な給食所も設置され、「食の都」ならではの、もてなしに感動する。

ランナーも応援の人も派手な仮装が目立ち、華やかな祭りの雰囲気もいっぱいだ。

上　通天閣に近い下町の食堂前で応援してくれた店の人たち。仕事着のままで、手を休めて出て来てくれたのだろうか。

左　阪神タイガースのユニフォームと、ヒョウ柄ドレスの男女。目立ちたがり屋の多い土地だけに仮装ランナーも大勢いる。

右　地元の商店会による給食所で、コロッケを差し出す女性。ここでは漬け物や稲荷寿司、果物や菓子もあって満腹に。

Kyoto
Mar. 2012

嵐山に近い大学の学生が校舎壁面に展示した「応援アート」。
沿道で繰り広げられる「盛り上げ隊」は学生の参加が多い。

■ 京都マラソン

関西の大都市マラソンとして、大阪マラソン、神戸マラソンに次いで2012年に誕生し、第1回大会には約1万5000人が参加した。

駅伝大会で知られる西京極の陸上競技場をスタートし、京都盆地の山沿いを縫って京都市の中心街に近い平安神宮を目指すコースは、世界文化遺産に登録された7つの寺や神社など古都・京都の名所を巡る。

沿道の応援は途切れることがなく、私設の給水・給食所も出て、もてなしの心を感じる。大学の学生らによる応援パフォーマンスや、寺院の僧侶による声援もあって、お祭りムードも満点。第1回目から世界レベルの大都市マラソンとして名乗りを上げた格好だ。

左　ゴール後、スタッフにタオルをかけてもらう女性ランナー。首には完走メダル。ゴール前の平安神宮の大鳥居も見える。

右　鴨川河川敷の給水所でバナナを配ってくれた女性スタッフ。大学の街とあって、ボランティアにも元気な大学生が多い。

下　嵐山の手前でフライパンをたたき、応援のボードを持つ男性。名所のイラストと京都弁の言葉に、心をなごませてもらった。

Tokyo-Yumemai

■ 東京夢舞いマラソン

「海外の大都市のような市民マラソンを、東京でも開こう」と呼びかけるため、市民ランナーのグループが2001年に始めた手づくりの大会。歩道を走るため競争ではない。

「夢舞い」の大会名には、障害者でも分け隔てなく参加できる「ユニバーサルな」マラソンを「目抜き通りを使って」「祭り気分で」「粋に走ろう」という願いが込められた。最高で約2500人が走り、東京マラソン開催への機運を盛り上げた。

東京マラソンの実現後もファンの声にこたえて毎年開催され、のんびりと景色を楽しみながら、ピクニック気分で走る「マラニック」の大会として人気が根強い。新旧の名所を盛り込み、毎年刷新されるコース、道案内などのボランティアとの触れ合いも魅力だ。

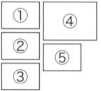

完成した東京スカイツリーの前でポーズをとる男女のグループ。

①商店街では歩くように呼びかける道案内係の女性ボランティア。
②下町・月島の商店街で買ったばかりのメロンパンを食べる男女。
③２階建て観光バスを背後に、皇居の近くの歩道を走るランナー。
④国立競技場でゴールをする韓国・コチャンのゲストランナーら。
⑤皇居の近くで外国人観光客とハイタッチを交わす女性ランナー。

68

Gochang

遺跡公園の中でコインドル（支石墓）のそばを走るランナーら。

■ コチャン・コインドルマラソン

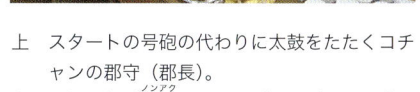

韓国・全羅北道の高敞郡で、地元のマラソンクラブが開く地方の大会。10回目を迎えた2012年にはハーフ・マラソンなども含め約4700人が参加した。「コインドル」は巨石を積んだ先史時代の「支石墓」を意味する韓国語。郡内に400基余りが密集し、世界遺産に登録された支石墓群の遺跡公園を、走りながら眺められる。支石墓、地元特産のキイチゴの一種「覆盆子」の果実酒と並ぶ町おこしの目玉のイベントで、マッコリのほか覆盆子酒を出してくれる給水所もある。

地元のマラソンクラブが中心に運営する手作りの大会で、温かな雰囲気も魅力。同じく市民ランナーが運営する東京夢舞いマラソンとの間で日韓のランナー交流が続いている。

上　スタートの号砲の代わりに太鼓をたたくコチャンの郡守（郡長）。
中　民俗芸能「農楽（ノンアク）」の楽器「ケンガリ」を鳴らして応援する男性。
下　韓国の大会で定番のバナナとチョコパイが並ぶ給水所の女性ら。

左　収穫後の田畑が広がる郊外の給水所
　　わきで応援する地元の住民。

中　コインドルの時代をイメージして原
　　始人の仮装で走るランナー。

右　コチャン名物の覆盆子酒を製造工場
　　前の給水所で振る舞う男性。

100回目のフルマラソン完走を達成し胴上げされるランナー。

70

あ と が き

　世界の大都市で開かれるマラソンは、コースも沿道もお祭りです。ランナーだけでなく、応援する人もボランティアも皆が主役になれます。そんなマラソンを日本でも開きたいと願った私は、東京マラソンの開催を呼びかけて歩道を走る東京夢舞いマラソンの活動に加わるとともに、世界各地のマラソンを巡り、走りながら写真を撮り続けてきました。

　マラソンの楽しさを伝えようと撮りためた写真は、東京をはじめ各地で開いた写真展で多くの人に見ていただきました。そして今回、東京だけでなく私の故郷である大阪や京都でもスタートしたマラソンの写真も盛り込んで、写真集としてまとめてもらうという幸運に恵まれました。

　だれもが同じ舞台に上れるマラソンは、走る人と、応援し支える人との間で元気を与え合うスポーツです。写真もまた、撮る人と撮られる人が笑顔を交わすきっかけになる道具です。東京夢舞いマラソンの母体となったサークル「明走会」のメンバーら多くの駆けっこ仲間に支えられて写真展を開き、写真展を訪ねてくださった東方出版の今東成人社長と編集者で旧友の北川幸さんの力添えを得て写真集をつくることができたことで、マラソンと写真が人と人とをつなげるパワーを、あらためて実感しています。

　これまでの道のりを支えてくれた皆さまや写真に写ってくれた皆さまに感謝するとともに、この写真集がさらに多くの笑顔や出会いをもたらしてくれることを願っています。

辰巳郁雄

辰巳郁雄（たつみ いくお）

ジャーナリスト。共同通信社の記者で元プノンペン支局長。フルマラソンは2013年春までに57回完走。フルマラソン3時間内、100kmマラソン10時間内、富士登山競走の完走という市民ランナーの「3冠」を達成。東京マラソンの開催を呼びかけて歩道を走る「東京夢舞いマラソン」の活動に参加し、"走るマラソンカメラマン"として海外の大会などで走りながら写真を撮影。2010年2月に東京・銀座のリコーフォトギャラリー「RING CUBE」で開催した初の個展で4600人以上の来場者を集める。11年6月には東京・日本橋で、10月には大阪で、12年8月には名古屋でも個展を開催。1960年11月生まれ、大阪市出身。

走った！撮った！世界のマラソン

2013年7月19日　第1版第1刷発行

著　者	辰 巳 郁 雄
発行者	今 東 成 人
発行所	東方出版㈱

〒543-0062　大阪市天王寺区逢阪2-3-2　Tel.06-6779-9571　Fax.06-6779-9573

装　丁	濱崎実幸
印刷所	泰和印刷㈱

©2013 Ikuo Tatsumi, Printed in Japan　ISBN978-4-86249-218-0

本書の全部または一部を無断で複写・複製することを禁じます。
落丁・乱丁のときはお取り替えいたします。